AF250728

# LES IDÉES

DE

## MONSIEUR VINCENT.

---

### HISTOIRE D'IL Y A DEUX SIÈCLES

A PROPOS D'UN DISCOURS D'HIER.

VITRY-LE-FRANÇOIS

Typographie PESSEZ et Cⁱᵉ, rue Dominé de Verzet, 13.

—

1879

# LES IDÉES DE MONSIEUR VINCENT.

## HISTOIRE D'IL Y A DEUX SIÈCLES

A PROPOS D'UN DISCOURS D'HIER.

Monsieur Jacques Norais, conseiller secrétaire du Roi, était un beau vieillard dépassant la soixantaine, mais de si peu et avec une telle désinvolture que les plus fins s'y fussent trompés. Veuf depuis **un** an d'une très-jeune femme, de plus riche à quinze mille francs de rentes, ce qui était une grosse somme alors, et père d'un gros garçon de dix ans, son unique héritier, Jacques Norais, revenu des illusions, tout occupé des soins de sa charge semblait à jamais condamné à la tranquille existence des bourgeois candides, aux aspirations modestes du magistrat sévère, et aux soins à donner à l'éducation du jeune Etienne, son futur successeur. Il n'en fut point ainsi pourtant, et le Malin qui parfois se risquait encore à gratter aux portes de M. le conseiller, sans respect pour ses cheveux blancs, jeta certain soir sur la route du barbon une très-belle fille de vingt ans richement dotée d'yeux noirs et de dents blanches à défaut d'or ou d'argent. Il parut au conseiller que la jeune fille ne lui était point indifférente ; du moins il en jugea ainsi très à la hâte et sans grande réflexion, sur de simples œillades : il pensa fièrement que beaucoup de ces petits Messieurs de la ville faisaient au prix de lui assez piteuse mine, et comme il demanda l'avis de son miroir, celui-ci approuva d'un sourire, ainsi que le font toujours les miroirs des vieux.

On marche vite sur la route du tendre à cet âge. Moins de deux mois après la première entrevue, la belle mademoiselle Elisabeth Méraut épousait monsieur le conseiller. A grand'peine le grand garçon de dix ans venait-il jeter dans le parfait bonheur des mariés une note discordante. Ce fut l'origine d'une petite bouderie de la dame, vite apaisée par une promesse formelle d'enfermer l'héritier dans quelque collége, au loin, où il passerait même le temps des vacances. Jacques Norais, le grave magistrat, s'affolait un peu au contact de la créature : il quitta son fils le plus naturellement du monde avec le parfait égoïsme de l'amoureux, songeant qu'après tout l'enfant vivrait mieux au soleil que dans les murs de la grand'ville, et que l'air des plaines Normandes conviendrait en tous points à la croissance de l'enfant. De tous temps les parents firent de ces remarques judicieuses, pour le plus grand bien des colléges et des maisons d'éducation.

Elisabeth Méraut n'était point femme à se contenter d'une vétille de ce genre. Sans doute son mari venait de lui donner une marque d'affection non douteuse, mais il lui importait surtout qu'il ne ramenât jamais au logis le fils de sa devancière : d'abord il était dur pour la jeune femme de n'être à la maison que la très-dévouée servante de l'héritier présomptif des quinze mille livres de rentes ; et puis elle s'avouait tout bas que, sans l'espérance secrète de partager un jour les valeurs du vieux conseiller, elle n'eût point couru se jeter ès bras tremblants du vieil homme. Sur ce chapitre délicat son esprit fit de grands voyages, s'égarant parfois à rêver qu'elle héritait seule de Norais, soit que le jeune

Etienne fût mort là-bas dans son collége, soit que par ses ressources imaginatives elle fût parvenue à lui soustraire la bourse convoitée. Ce devint une idée fixe, une sorte de vertige, qui ne laissait guère de sommeil à la jeune femme, et qui hantait son esprit avec une persistance d'autant plus désespérante que le jeune Etienne était un solide gaillard, plein de malice, et plus vivace qu'un chardon des champs.

En ce temps vivait à Paris au milieu des corrompus et des égoïstes de ce siècle, un prêtre, dont tous à l'envie disaient le plus grand bien. Il se nommait Vincent de Paul, et dirigeait les frères de la Mission Saint-Lazare, recueillant les infirmes, les enfants abandonnés, et prodiguant des trésors de charité orale quand la bourse faisait défaut, ce qui arrivait souvent. Il se trouva que cet homme simple avait la conscience de la jeune Elisabeth Méraut en qualité de directeur spirituel ; et, comme ses relations étaient assez étendues par le monde de la ville, il avait, disait-on, favorisé l'entrevue du vieux conseiller et de sa jeune protégée. Depuis, sa direction s'était continuée, et pensant sans doute que la nouvelle condition de la dame allait lui créer des embarras, et peut-être l'exposer à des dangers

graves, pour son repos éternel, il avait
poussé la sollicitude jusqu'à placer auprès
d'elle le vénérable prieur de la Mission,
frère Adrien, qui par ses avis et ses pru-
dentes observations ramènerait au bien la
pauvre créature. Heureusement pour tout
le monde, la dame Norais, fut ce qu'elle
devait être, toute dévouée à son vieux mari,
pratiquant largement la charité envers les
frères et ne songeant en apparence qu'aux
plus pures et aux plus saintes œuvres des
femmes chrétiennes vouées au Seigneur.

Hélas, que ces apparences trompeuses
cachaient de perfidie ! Un jour la dame
s'ouvrit à Monsieur Vincent, comme on ap-
pelait alors le saint, disant que son désir
le plus grand serait de mourir très-riche
pour pouvoir lui laisser à sa mort de grands
biens, si nécessaires à la Mission et aux
bons frères. Monsieur Vincent dit simple-
ment que Dieu n'avait pas permis que cela
fût, ayant donné un fils à Monsieur le conseiller, son mari, et que tout en regrettant
que sa pieuse sollicitude ne pût être suivie
d'effet, il remerciait le ciel d'avoir départi
ses faveurs aux plus dignes et aux meilleurs chrétiens. Mais la dame Norais in-
venta alors une perfide histoire : le fils
bien que tout enfant était un scélerat, le

désespoir de son père, la honte de sa belle
mère, la terreur de tous, elle espérait bien
que Dieu le prendrait tôt ou tard, et tous
les jours elle le priait avec faveur dans ce
but.

M. Vincent ne se montra ni étonné, ni
surpris qu'un enfant de dix années eût
l'âme si noire. La jeunesse d'alors était
corrompue dès le berceau, le bon père ne
l'ignorait pas. Du moment où les choses
en étaient à ce point, force était de penser
à Dieu, tout en cherchant à mettre à jamais
le jeune criminel hors d'état de nuire. Il
convenait que l'on fît bonne garde autour
d'une fortune menacée par un futur prodigue, contempteur des honnêtes gens et
profanateur des nobles idées. Il fut donc
résolu que l'on inviterait doucement M. le
conseiller à vendre ses charges et à en réa-
liser le montant pour le mettre en lieu sûr,
loin des entreprises des gens de justice et
du précoce criminel. On employa à cet effet les gens les plus honorables, sans leur
avouer tout, pour ne point les peiner outre
mesure ; le conseiller frappé d'apoplexie
et à demi-paralysé depuis peu, fit tout ce
que l'on voulut, vendit, aliéna et laissa M^me
Norais maîtresse absolue des sommes ainsi
rentrées.

Toutes ces opérations avaient pris plusieurs années. A présent Norais fils faisait le diable au fond du pays perdu où on l'avait enfoui, vantant à tous la fortune de son père et empruntant à gros intérêts. Cependant, de cette fortune, il ne restait plus aujourd'hui en immeubles que la terre d'Orsigny, petit domaine à quatre lieues de la capitale, que M<sup>me</sup> Norais conservait par convenance, et pour sauvegarder les apparences aux yeux des parents d'Etienne. Pourtant un jour vint où l'on résolut de ne pas même laisser au jeune homme cette ressource suprême. Les frères de la Mission consentirent à une donation fictive proposée par M<sup>me</sup> Norais. Le plus difficile était de faire signer cette dernière concession au paralytique, dont les entrailles paternelles semblèrent se réveiller tout à coup. Mais, sous la menace d'une séparation brusque, il baissa la tête, supplia sa femme qu'elle ne l'abandonnât point et signa tout ce qu'on voulut : « et fust néces- « saire qu'il s'excusast pour avoir la paix. »

Il en écrivit à M. Vincent, qui lui répondit avec une douceur infinie : « Au nom « de Dieu, Monsieur, ne me faite excuse « de rien, je suis plus asseuré de vostre « sincère charité vers nous tous, que de

« la mienne propre, je dis de mesme de la
« bonne M<sup>me</sup> Norais. » Il fut convenu alors
que pour tout le monde ce serait là une
vente, et que si Dieu rappelait à lui M. le
conseiller on se partagerait la terre en
amis. M. Vincent n'accepta que pour le
bon Dieu, comme il était convenable que
le fît un prêtre.

Pendant ce temps on refusait au proscrit
l'autorisation de se marier, de crainte qu'il
ne trouvât argent et protection dans une
alliance, et ne vînt réclamer son droit.
Puis tout à coup M. le conseiller se trouva à toute extrémité d'une attaque nouvelle. Cette fois on ne laissa rien au hasard : on lui fit signer *in extremis* un pa-
pier par lequel il reconnaissait n'avoir que
3,000 livres de rente et rien de plus. Mais
comme il y avait à prélever sur ce revenu
un douaire à M<sup>me</sup>, et plusieurs legs à divers,
il arrivait que le jeune homme se fut trou-
vé sans un sol vaillant en face de ses dettes. Heureusement pour lui M. le conseiller revint de si bas, dont M. Vincent fit
au seigneur ses meilleurs actions de grâ-
ces, alors que l'héritier criait comme un
coq plumé du fond de sa Normandie.

Maintenant il n'y avait plus à rire : il
disait tout haut que des quinze mille li-

vres de rentes de son père il ne restait
plus aujourd'hui que des dettes, sans
compter que lui-même s'était engagé en
plusieurs sommes pour lesquelles il resterait découvert. A force de crier ce
malheur à tous venants le bruit en vint
aux oreilles de la marâtre : elle confirma
de tous points les dires du jeune homme
auprès de ses créanciers, leur jurant qu'il
les avait trompés et leurrés tous, qu'ils
ne verraient jamais un rouge liard de leur
argent, et que pour le père il était hors
d'état de solder la moindre somme. M. Vincent dit la même chose, non qu'il ne sût
très-bien que tout cela était faux, mais
parce que c'eût été offenser Dieu que de
soutenir le prodigue. Huit jours après
Etienne Norais solidement appréhendé par
cinquante archers, se trouvait écroué en
prison à la requête du plus malheureux
de ses créanciers.

Toutes ces histoires parurent louches à
M. Racine conseiller au Parlement : il s'en
plaignit si bien que l'on consentit à une
entrevue entre le père et le fils, mais il
fut convenu que M. Vincent resterait auprès d'eux pour empêcher les violences du
vaurien. En outre on posta des hommes
armés au bas de l'escalier, au cas que le

forcené essayât de fuir, avec ordre de l'arquebuser sans miséricorde ; les mauvaises langues disent même que la mission réelle de ces gens était d'assassiner le garçon. Enfin toutes ces précautions furent vaines, Etienne Norais se contenta de reprocher à son père sa faiblesse coupable, et tous deux pleurèrent à chaudes larmes en la présence de M. Vincent. L'entrevue terminée, M. Vincent remit Etienne aux archers qui refermèrent sur lui les lourdes portes des prisons.

L'humanité de M. Racine n'avait point réussi, quel grand coupable et méchant endurci était Etienne ! Mais le coup avait été rude à Elisabeth, elle prévoyait que pour l'avenir les choses pourraient prendre la plus déplorable tournure. Elle en était très-sérieusement malade, ne mangeant plus et toute hantée de fantômes. Le hasard voulut alors que le prisonnier tombât subitement dans une maladie étrange, vomissant à chaque instant et se tordant en d'affreuses crispations. Les chirurgiens de la prison ne comprirent rien à la maladie, ils soignèrent le patient de leur mieux, et réclamèrent pour lui en haut lieu un exeat immédiat.

Mais M. Vincent les avait devancés en

plus haut lieu encore. Le criminel avait
tenté de s'empoisonner dans sa prison et
détournait les soupçons par cette habile
manœuvre, il fallait se garder bien de ren-
dre à la lumière du jour cette plaie d'une
famille honnête à demi-ruinée par les dé-
portements abominables d'une brute dé-
chaînée. Le bon père n'inventait rien, col-
portant le plus naïvement du monde les
histoires de la dame, et ne grossissant ses
récits qu'un tout petit peu, pour faire pas-
ser sa croyance dans l'esprit des magistrats
qui l'écoutaient. Il obtint ainsi que le
prisonnier demeurât enfermé, et fût gardé
plus strictement à vue.

Tandis que tout semblait assuré, la mort
la plus inattendue vint tout à coup jeter le
désarroi au camp des vénérables religieux
de la Mission Saint-Lazare. Elisabeth Norais mourut au moment même où M. Vincent obtenait pour le beau-fils de la dame
une promesse de prison perpétuelle. Elle
expirait subitement, elle aussi au milieu
d'atroces souffrances râlant et maudissant
Dieu. Il parut que seul M. Vincent ne se
troubla point en cette occurrence, offrant
au vieux conseiller un refuge dans la sainte
maison et lui promettant aide et protection contre son fils. Il ne se passa guère

d'instants que le vieillard ne fût pressé de
la plus pieuse manière pour obtenir de lui
qu'il vînt finir loin du monde une longue
vie de malheurs et de vertus. Tout infirme
et perclus qu'il était, le pauvre vieux n'ima-
ginait guère que le pieux M. Vincent mît
un zèle très-désintéressé à clore un malade dans les hauts murs de la Mission. Il
refusa tout net, réclamant son fils criant
qu'on le lui ramenât, qu'il lui pardonnait
tout, tout ! Vincent de Paul voulu prêcher
ce père, lui parler des dernières volontés
d'une morte, et des méfaits d'Etienne, le
paralytique s'emporta. Force fut qu'on
élargit le débiteur insolvable.

En ce moment les héritiers de la dame
réclamaient leur part des acquêts de la
communauté, et dans un premier moment
de trouble obtenaient gain de cause. Du-
rant les interrogatoires de ce procès cu-
rieux, Vincent de Paul expliqua ses opérations avec la dame Norais, par la grande
charité de son cœur. Il voulait selon lui
sauvegarder une famille compromise, et
d'ailleurs, assurait-il, la donation lui était
onéreuse, ayant promis de payer 40,000 fr.
de plus que ne valait la terre. Le Parlement tout vénal et dévoué au Roi qu'il fut
alors, renvoya avec dépens héritiers et

bons pères, restituant au jeune homme la
plus grande partie des biens du vieux Norais. En réalité Vincent de Paul conservait
une terre de plus de 16,000 livres remise
de la main à la main comme arrhes d'un
marché gigantesque, mais il restituait Orsigny et se retirait penaud. De sa préten-
due charité Etienne Norais faisait bonne
justice, « tout le monde sçait, écrivait-il,
« que les communautez sont trop bons
« mesnagez pour se vouloir intéresser de
« charité et de piété, ou donner 40 ou
« 50,000 livres de plus qu'une terre ne
« vaut. »

C'est la seule *moralité* à tirer de cette
longue histoire.

(F. Procès au Parlement de Paris<br>des années 1652-53.)

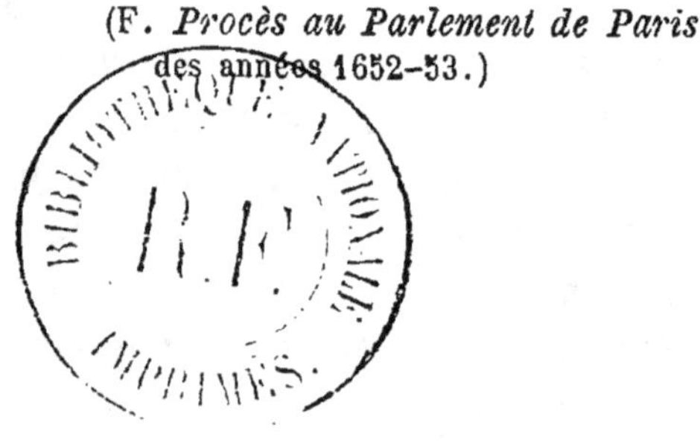



---

Vitry-le-François, Typ. PESSEZ et Cie.

www.ingramcontent.com/pod-product-compliance
Lightning Source LLC
Chambersburg PA
CBHW062324070726
47596CB00009B/2956